꽃이
떨어진
자리

꽃이 떨어진 자리

안광국

안광국

경기도 수원 출생
서울대학교 국문학과 졸업
서점 '그날이 오면' 운영
도서출판 '새물결' 대표 역임
현재 '이현(二峴)언어 · 논술' 운영

꽃이 떨어진 자리

지은이 | 안광국
펴낸이 | 홍미옥
펴낸곳 | 새물결 출판사
1판 1쇄 2009년 7월 14일
등록 서울 제15-52호(1989.11.9)
주소 서울특별시 마포구 연남동 565-31 우편번호 121-869
전화 (편집부) 3141-8696 (영업부) 3141-8697 팩스 3141-1778
E-mail: sm3141@kornet.net
ISBN 978-89-5559-278-8 (03810)

自序

힘겨웠던 시절에 몸에 밴 습관이 사람의 발목을 잡듯이 나는 바보처럼 시를 지고 산다. 그것을 무어라 불러야 할지 설명하기 힘들다. 숲에서 살아가는 짐승들이 제각기 한 가지 몸짓을 익히며 살아가는 것과 같은 이치가 아닐까 생각해본다.

| 목차 |

2부 종이 진주

1부

꽃이 떨어진 자리

꽃이 떨어진 자리

비가 온 뒤 나뭇가지에 푸른 잎이 난다.
어느새 산을 뒤덮은 초록
꽃이 떨어진 자리마다
작은 멍울을 대신 달고 있다.

자신이 가해자인지 피해자인지 모를 바람이
슬며시 그늘로 불어와서
늙은 산짐승의 꿈을 쫓는다.

불타는 전각 위에 내려앉던 검은 밤도
한낮에는 환한 햇살로 옷을 갈아입고
주름진 낡은 옷자락에서 쉬고 있다.

자욱하게 어려 오는 이내의 실핏줄이
계곡마다 흘러내리면서 무성한 녹음을 흔들어 깨운다.
사태로 밀려난 바윗덩이에도
소리 없이 그늘이 내리고 있다.

길 잃은 영혼

북방의 하늘 아래로
온 세상을 덮으며 끝없이 눈이 내린다.

영혼의 새 한 마리 눈을 감고
꽁꽁 얼어붙은 나뭇가지에 앉아 있다.

검은 폭풍에 하늘 끝까지 날아올라
유성처럼 쏟아져 내려온 진눈깨비에 섞여
길을 잃고 북방으로 온 영혼.

그리움조차 방향을 잃어버리고
눈 내리는 하늘가를 맴돌고 있다.

검정말

들판을 달려가는 검정말
숲에는 불타다 남은 가지마다
어린 눈들이 말라붙어 있다.

억새밭에 바람이 불어
하얗게 핀 갈꽃이 손짓을 한다.

강가까지 달려가 고개 숙이고
물을 마시는 검정말
갈기에 붉은 땀이 흘러내린다.

불타는 숲에서 홀로 뛰쳐나와
놀람과 분노로 먼 길을 달려왔다.

꿈에서

눈 내리는 하얀 길을 갔다.
손에 약속의 말을 꼭 쥐고
삶의 슬픔도 털어내고 아득히 걸어갔다.

길 끝에 눈 녹은 자리에서 만난 가을 나무에서는
바람도 없이 계절에 물든 잎이 떨어지고 있었다.

난 등 뒤에 나무를 두고 걸어온 길을 돌아보았다
눈물에 젖은 약속의 말을 꺼내 읽어보면서.
아이야, 네 길을 가려무나.
흐릿한 글자가 아직도 남아 있었다.

기다림도 기약도 없는 먼 하늘 끝으로
다시 흰 눈이 내렸다. 봄은 멀었지만 꽃을 피우리라 믿으며
나는 약속의 말을 가을 나뭇가지에 매어 놓고
집으로 돌아가는 길을 걷기 시작했다.

이름 없는 들꽃을 위한 시

나는 홀로 들길을 걷다
너희들이 무리지어 핀 곁에 멈춰 섰다.
오랫동안 대지를 떠돈 방랑자처럼
고개 숙이고 너희들을 바라보았다.
바람이 불어오면 힘없는 양 꽃잎을 흔들고
어둠이 오면 묻혀 가는 작은 마을들처럼
아무도 찾지 않는 벌판 논두렁 위에
피어 있는 이름 없는 들꽃들이여.
나의 마음으로 은은히 노을을 물들이듯이
너희들 역시 그렇게 살아왔으리라.
하나의 이름으로 불리지 않은 채
꽃을 피우고, 세계의 한 모퉁이에 존재하며
뿌리 내리고, 서로 어울려 점점이
수줍게 가을 들길을 매만지며
살아왔으리라.

소금밭

바닷물을 가두고 볕이 내리쪼이길 기다린다.
지루한 사각형의 밭들 사이에 움막을 짓고
섬 산등성이 너머로 피어오르는 흰 구름을 본다.
땀이 흐른다. 얼마를 기다려야 할까.
저 물이 하얗게 마르려면 구릿빛 피부보다
더 새까맣게 살이 그을리고
후끈거리는 바람에 숨을 고르며
아뜩하니 반짝이는 햇살에 시력을 잃겠지.
으르렁거리는 바다가 넘실거리며 몰아오는 폭풍우로
움막의 잠을 뒤흔들어도 두 손을 놓고
자욱한 장대비가 쏟아지는 날을 갯가에 붙어
귀를 기울이고, 마음을 열고 기다려야 하겠지.
그렇게 끓고 다리고, 또 이글거리는 햇살로
하얗게 마를 때까지 소금밭에 날아오는
갈매기 한 마리 없는 외로운 날에도
두 손에 소금을 쥘 때까지
호흡을 끊고 쭈그리고 앉아
조그마한 미동도 없이 지켜야 한다.

동해에서

물이 밀려든다. 고집스런 사내의 사랑의 말을 싣고.
한 번, 두 번, 어둠 속에서도 물의 이랑을 셀 수 있다.
그건 사랑이 아니라고, 사랑은 서로의 숨결이 꼭 맞아야
슬프지 않게 피는 꽃이라고 아무리 외쳐도
어두운 바위를 뒤덮는 파도로 몰아쳐 온다.
바보, 눈물처럼 슬픔이 싫지도 않은 것인가
부서지고, 밤새 또 부서지고 훤히 동녘 하늘이 밝아오면
잔잔하게 숨 고르고 잠이 들 건가.
물이 밀려든다. 발밑으로 적시며, 적시며
가슴 가득까지 잊지 않겠다는 다짐을 바람으로 몰아오며
눈이 내리는 날에도, 비가 내리는 날에도
문밖에서 기다리고 서 있던 슬픈 사내의 사랑처럼.

귀갓길

겨울 저녁 늦은 밤버스에서 내리면
오릿길을 걸어 집으로 간다.
난 정류장 가게에서 홍옥 사과 한 알을 사서
주머니에 넣고 길을 걷는다.
집에는 어머니가 기다리신다
늙으신 할머니와 병든 동생과 함께.

난 어머니와 사과 한 알을
반쪽씩 나눠 먹을 생각을 하며 밤길을 걷는다.
밤 깊어 할머니는 건넌방에서 주무시고
동생은 어디론가 나가고 없을 것이다.

고개 넘어 가는 길에는 바람이 매섭게 분다.
주머니 속에 움켜쥐고 있는 홍옥 사과 한 알
오래된 내 잠바 위로 눈이 내려 쌓인다.
아무도 걷지 않은 흰 길이 고요한 마을을 지나 이어져
있다.

우리 집 창문에는 이슥하도록 불이 밝혀져 있으리라.
나를 기다리시다 어머니는 동생 곁에서 잠이 드시고
할머니 해소 소리만 눈 내리는 마당가에 들려오겠지.
아마 나는 홍옥 생각을 잊은 채 마당에 쌓인 눈을 쓸고는
대문 앞에 나와 서서 눈 내리는 밤하늘을
홀로 한동안 서서 바라보다 잠자리에 들 것이다.

저녁에

휘파람을 분다.
저녁나절을 오므리고
편안하게 공기의 주름을 잡아
창문 밖으로 떠오르는
별을 보며

휘파람을 분다.
싸움이 끝난 하루의 들판을 바라보며
그대와 둘이 나란히 창가에 기대서서

하늘을 들이마시고
리듬 있게 내어뱉는다.

옛날에 금잔디 동산에 메기같이
리듬을 살려 휘파람을 분다.
라일락 꽃잎 그늘 향기
코끝을 간질이는
귓가에 맴도는

소리의 관절들 톡톡 꺾어 내며

평화가 평화롭게
하늘을 물들이는 저녁나절
그대와 둘이 나란히 창가에 기대서서

들숨의 씨앗을 걸러
리듬 있게 내어뱉는다.

조신 몽夢

검고 푸른 개의 목줄을 풀어놓는다.
운명의 자비함이 없었다면
내가 묶어 다니는 저 개처럼
나는 늘 가위눌리며
생활의 높이에 눈을 맞추고 있었을 것이다.

밤마다 꿈에서 깨어나길 얼마나 간절히 빌었던가.
날마다 반복되는 일상이며, 아내며, 아이들이며
이를 뒤쫓는 가난에 시달리며
나는 한 마리 사나운 개만을 길렀을 것이다.

모두들 잠든 밤이 되면 은밀히
집안 구석구석에서 피어올라와 형체를 갖추고
몽유병 환자처럼 거리를 방황하는
검고 푸른 개, 내 안에서 자라나
내게까지 표정 없이
거친 눈빛으로 으르렁거리던.

나를 물어뜯고 아내와 아이들까지 물어뜯을 흉물
낙산사 관음보살의 자비함이 없었다면
나는 아직도 거리를 방황하고 있었을 것이다.
술에 취해 아내와 아이들에게 소리 지르고
이웃 사람들과 싸움이나 하며
머리가 셀 때까지 자신을 망치기 위해
또 저주하며 세월을 보내고 있었겠지.

한 마리 어린 나비가 물어온 꽃잎에
먹구름이 몰려오는 하늘을 두고
세규사의 젊은 중 조신은
홀로 아름다운 꿈을 꾸었지.
가물거리는 등불 밖에서 배회하는
검고 푸른 개를 미처 보지 못한 것이리.

산을 오름

높은 벼랑에서 발밑으로 날아가는 새를 보며 불현듯 날개 없이 날아가는 아찔한 상상에 사로잡힙니다. 무엇이 제 속에서 저를 벼랑 아래로 뛰어내리게 하는 걸까요? 아직은 뛰어내리기 두려워하는 마음이 저를 살아가게 한다는 걸 잊지 않고 있습니다. 어느 날 제가 그 두려움을 잊는 날이 온다면 두렵지 않게 뛰어내리겠지요. 먼저 떨어져간 그들을 쫓아, 그들이 간 길이 어둠인지 밝음인지 모를, 짓이겨진 아픔이 있었는지 없었는지 모를 아득한 높이에서의 뛰어내림이 시 · 공간의 축적을 단숨에 붕괴시키는 혁명을 맞이하겠지요. 분명 그것은 제 안에서 자라난 오래된 식물의 어두컴컴한 뿌리가 기억의 중력을 뿌리치지 못한 까닭이겠지요. 인간에게 불행은 시간의 편린을 모아 만든 기억의 사슬에 삶이 매여 있는 데서 온다는, 이 지극히 평범한 진리가 벼랑 끝 함몰되어가는 지구의 중심을 가로질러 나는 새처럼 인간을 아득한 높이에서 뛰어내리게 하는 것이겠지요. 이 불행한 시대에 인간의 태어남이 아름답지 않았듯이 죽어감 또한 아름답지 않겠지만, 고개 숙여 발밑을 볼 용기를 잃지 않았기에 오늘도 높은 산을 힘겹게 오르고 있습니다. 비록 산정에서 땀에 젖은 허기만을 안고 조심스럽게 기슭을 더듬어 내려와야 한다는 것을 잘 알고 있지만, 그것이 벼랑 끝에 서보는 무모함을 막지는 못하는 것이지요.

성실한 사람

그는 늘 같은 다리 위에 앉아 하얀 머리로 고개 숙이고 겸허히 몇 닢의 동전에 눈을 감고 절을 한다. 똑같은 다리 위에 터전을 잡고 먹고삶의 숭고한 연민의 줄을 당겨 무거운 지갑의 입을 헤집는다. 한 닢의 양심을 선물하고 겸허히 고개 숙이고 쏜살같이 달려가는 자동차의 강물이 토해내는 매연으로 폐부의 수고로움을 씻는다. 그는 성실한 사람이다. 우리처럼 목숨을 저당 잡히고 살아갈 줄 안다. 오랜 세월 햇살로 그을린 피부, 연륜이 말해주는 무심한 표정으로 하루 세끼의 식사를 위해 양반다리를 하고 오늘도 고개 숙이고 눈을 감고 앉아 있다.

구룡령

양양에서 홍천으로 넘어가는 구룡령 고개
굽이굽이 아홉 굽이 용의 등을 타고 넘어가는 구룡령 고개
하늘로 날지 못한 아홉 마리의 용이
날개 없어 부르릉거리며 낡은 버스 타고 넘어가는 구룡령 고개
술 취해 몸 흔들며 악을 쓰고 밤새 껴안고 끙끙대던
동해 아주 던져버리고 대포항 횟집에 던져두고
기어서라도 하늘 가까이 가보자는 안쓰러움에
서울로 가는 길목 홍천까지라도 가자며
아홉 마리 용이 뒤엉켜 넘던 구룡령 고개
정상에 비 내리고 골짜기에 물든 늦은 단풍 소소히
산골 분교 마당에 떨어질 때
어쩌자고 이렇게 살아왔는가 너와집 굴피집처럼
서울살이 사람살이 한숨 비안개 몰아가는 바람에 날리며
또 한 해 저물어가며 쉬어가던 구룡령 고개.

편지

또 고이는 침을 뱉고 붉은 담벽을 따라 길을 걷습니다. 도대체 몇 날 며칠을 술을 마셔야 네놈의 직성이 풀리냐며 그는 끝내 떠나갔지만 산자락에 심어둔 떡갈나무는 뽑아 가지 못했습니다. 얼음도 제대로 얼지 않는 겨울에 기다림이란 치욕스럽습니다. 한 톨의 양식과 맞바꾸는 지상의 시간에, 경건하게 기도할 줄 모르는 네놈은 또 아예 말도 놓아 보내고 입을 다물고 눈 내리는 하늘이나 쳐다볼거냐며 그는 끝내 떠나갔지만 전 제게 남겨진 기다림의 질긴 가죽끈으로 목을 매지는 않으리라 다짐했습니다. 겨울이 오나 터널 속을 걸어가나 언젠가는 머리칼 한 올씩 뽑아 삶의 밭에 심을 줄 아는 사람만이 그에게 말을 전할 것이지만 지금은 어떤 말도 송신할 수 없었습니다. 다만 이 긴 침묵이 바위처럼 깨어지는 날에 다시 한 번 운명의 만남이 있으리라는 것, 그렇게 많은 헤어짐이 아직 제게 만남으로 남아 있다는 것을 가슴의 갈피에 새겨두었을 뿐입니다. 홀러 터짐으로 물막이가 무너지고 유예되었던 고통의 환희가 봄날 꽃처럼 피어나리라는 것을 당신께 이렇게 적어 보낼 수 있는 것도, 그가 화를 내며 제게서 떠나간 지금 홀로 집을 버리지 않는 까닭이 되었습니다. 저녁마다 달이 뜨는 이곳에서는 밤이 깊을수록 노랫소리가 거리거리에 울려 퍼져나옵니다. 경적과 폭죽의 폭발음을 밟고 건강한 아이들이 떼 지어 밤놀이를 합니다. 제가 연명할 수 있었던 것도 이 아이들의 힘 덕분입니다. 그늘이 풀뿌리의 힘으로 마르지 않듯이 제 혈관 속에도 건강한 아이들의 웃음이 흘러가고 있습니다.

폐족인 당신께

1

돌아간다는 것이 쉽지 않으리란 것을 압니다. 스스로 폐족이 되어 산맥의 어둔 그늘에서 살아온 것도 압니다. 당신이 저녁마다 서녘에 떠오르는 찬란한 별을 보며 마음속에 무엇을 다짐했는가도 압니다. 그것이 썩은 띠집 지붕에 돋아난 잡초도 아니란 것을 압니다. 무엇이든 쉽게 돌아설 수 없다는 것도 압니다. 그것이 천체의 운행을 뒤바꿀 만큼 한 개인의 내면에서 얼마나 큰 긴장의 현을 끊는 것인지도 압니다. 하지만 저는 아무것도 알지 못합니다. 그것이 돌아섬인지 돌아감인지, 당신 스스로 폐족이 되어 바라본 별빛 때문인지 알지 못합니다. 무엇이 우리를 방황하게 했고 무엇이 우리를 외치게 했는지 알지 못합니다. 우리를 이곳까지 오게 한 것이 또한 무엇인지 알지 못합니다. 우리 모두 각자의 길을 따라 고집스럽게 살아왔다는 것만은 잊지 않고 있습니다. 그것이 결실을 거두는 일과 아무 상관이 없다는 것도 알고 있습니다. 그렇지만 강물이 돌아서 흐르듯 시간과 역사가 바뀌어 흘러가고 있습니다.

도도한 물살로 들판을 덮고 골짜기의 바위를 구르게 하고 있습니다. 당신의 고집도 황토 흙으로 덮고, 당신의 깃발도 폭풍우로 찢어버리고 있습니다.

2

한 사람이 아무리 자신의 전 생애를 걸었다고 해도, 그것이 그 누구에게 슬픔을 주어도 된다는 뜻은 아닙니다. 당신은 우리 모두에게 잊혀지지 않는 슬픔을 각인시켰습니다. 마모되지 않는 비문처럼, 마르지 않는 슬픔의 샘을 주었습니다. 우리가 사랑에 대해 미워하는 것도 그런 까닭입니다. 당신을 사랑하기에, 사랑은 지울 수 없는 상처를 남깁니다. 한 가지가 배반당할 때마다 어두운 숲에서 등불 하나씩 꺼져갑니다. 악령의 숲에서 저질러진 숱한 악행들이 등불의 흔들거리는 불빛 아래서 일어났습니다. 순결한 피는 더럽혀지고 너무 일찍 늙어버린 아이들이 인생을 살았습니다. 당신은 스스로 폐족이 되어 이미 이십 년이 넘는 삶을 살았지만 땅의 메마름을 보지는 못했습니다. 늘

산맥 저편에서 빛나는 별을 보았지만, 그것이 대지를 재앙으로 덮는다는 진실을 몰랐습니다. 세월이 흘러 강물이 거꾸로 흐르고, 새로운 씨앗들이 범람원의 고운 진흙밭에서 싹트고 있습니다. 깊이 뿌리 내려 새로운 숲이 생겨날 것입니다. 새로운 나무들과 새들과 길짐승들과 풀들과 벌레들과 햇살이 생겨날 것입니다.

놈

저놈은 인생을 자해해서 공갈치는 놈이야. 스스로 삶에 깊은 상처를 내어 외부에서 그은 칼심보다 더 깊게 긋고는 피흘림으로 망가진 인생을 갖고 주변 사람을 공갈치는 놈이야. 저놈이 살아온 이력을 봐봐. 늘 성공하는 자리를 뭉개버리는 심보를 볼 수 있어. 못된 놈이지, 누구에게랄 것도 없이, 우리가 같은 부류라는 것 하나 때문에 놈에게 협박당하고 사는 거야. 저놈은 한때 들판을 불태우고도 모자라 집을 불태우고 술을 마시고 망나니가 되어 황혼이 지는 저녁이면 애비에게 대어들고, 눈물 바람을 일으켰던 놈이야. 인생자해공갈단이라고 들어봤지, 저놈이 바로 그 공갈단이지. 자 봐, 내 인생 망칠 수 있어, 내 인생이야, 너들이 뭔데 그래 라고 어두운 골목에서 소리 지르고 아무 곳에서나 길거리에 쓰러져 자고 나라에서 내리는 사면령은 외려 저놈의 콧방귀만 크게 뀌도록 하는 거야. 저놈은 그런 놈이니 절대 속아 넘어가서는 안 돼. 협박에 속아 두려움이 손길을 내밀어서는 안 돼, 저놈의 공갈이 허풍선이란 걸 알 때까지 절대 안 돼, 놈이 간혹 소리 지르고 인생을 마구 허비해도 그것이 그놈 말대로 불우했던 어린 시절 때문이라 해도, 왜 우리가 즐겁게 살 권리를 포기해야 해? 놈은 놈이야, 우리도 그을 수 있다는 걸 놈도 알아야 해, 깨진 사금파리로도 유리만큼 깊게 그을 수 있다는 걸 보여줘야 해, 우리도 얼마든지 인생자해공갈단이 될 수 있다는 걸 당당하게 보여줘야 해. 얼마든지 우리도, 놈 없이도 살 수 있다는 걸 보여줘야 해.

젊은 날의 여정

등나무 그늘에서 비를 긋는다.
그치지 않는 비 올 때나 갈 때나
멈추지 않는 비
길이 끝나지 않는 것처럼
젊음도 끝나지 않는 것처럼
내리는 비는 모든 것을 씻어간다.

등허리에 흐르는 땀도 허기도
허름함과 어설픔조차 씻어가던
지난 시절의 폭우.
고달픈 삶을 참아내야 했던
빛나던 날들의 서글픈 여정.

그치지 않는 비
올 때나 갈 때나 멈추지 않는 비
길이 끝나지 않는 것처럼
젊음도 끝나지 않는 것처럼…….

역사 스페셜

1

다큐멘터리 영화 「콰이 강에서 태백산맥까지」는 사기다. 콰이 강은 휘파람을 불지 않는다. 역사의 강물을 딛고 강을 건너는 사람도 없고, 열대 과일의 향기도 없다. 몽골 고비사막에서 날린 외로운 새도, 눈보라 휘몰아치는 태백산맥도 없다. 원혼 같은 것도, 일본 열도에서 독도까지 두르는 기름띠도 물론 없다. 구구식 소총이나 서울로 가는 전봉준 같은 사진도 모두 허구다. 역사가 현재적 의미에서 사기라는 점을 다큐멘터리 영화 「콰이강에서 태백산맥까지」는 잘 보여준다.

2

콰이 강의 다리가 휘파람을 분다. 물결이 솟구쳐 올라 바다로 떠밀려간다.

하늘에서 폭탄을 퍼붓던 B-29 폭격기 화면 밖으로 튀어나가 시간의 나뭇가지에 걸려 녹슬어간다.

깃발을 앞세운 노란 얼굴들 V자로 손짓하며 기념사진 찍는다.

콰이 강의 다리 낡아서가 아니라 굶주려 죽어 철거된다.

콰이 강의 다리란 말을 딛고 역사의 강물을 건너던 사람들 강물에 떨어져

열대 과일의 향기 된다. 몽골 고비사막에서 날린 새 한 마리

외로운 사람의 창가에 앉아 울부짖는다. 오, 나의 밀림이여, 나의 밤이여.

역사를 잠재우는 철길 따라 콰이 강의 다리 끊어지고

원혼들로 빚은 만두를 던져넣는 늙은 정치가의 모습도 보인다. 혹 안 보이는 정신대 할머니도 있다. 기름띠 두른 채 일본 열도에서 독도까지 화면은 느린 템포로 돌아간다. 흰 포말로 말려가는 뼛가루를 뿌리는 여인들의 모습이 포착된다.

콰 · 이 · 강 · 의 · 다 · 리.

성난 물결이 21세기로 흘러가다 말고 휘몰아치는 눈보라로 태백산맥을 덮는다. 구구식 소총까지 맨 어설픈 흰

옷자락들 겨울 산자락을 향해 총을 쏘아댄다. 총알 떨어져 죽창 집어들고 녹두장군 외치며 화면 가득 황토현의 먼지가 인다. 눈보라 여전히 태백산맥을 덮고

밀림에서 살아 돌아온 일본 병사의 앙상한 몰골 위로 까마귀 떼 떠돈다.

퇴색한 위안부들과 조선인 병사들의 사진이 끼어든다. 무성해진 숲 한반도 상공 위로

신형 제트기 편대가 오색구름을 만들며 날아간다. 한일 양국 정상 미소 지으며

기념사진 찍는다.

3

관객들 영화 끝나 밖으로 나온다.

거리는 모두 무너져 있다. 건물도 가로수도 도로도, 도로를 달려가는 자동차도 모두 무너져 있다. 폐허가 된 거리에서 부패가 시작된 육질의 냄새가 위험한 전염성이 강한 균을 바람에 실어나른다. 우주복 모양새의 옷을 입고

작업에 나선 방역 요원들이 흰 포말의 조류독감 소독약을 영화관에서 나오는 시민들의 겨드랑이와 가랑이, 얼굴에, 발걸음에 뿌린다. 화려한 네온사인 잠시 그치고 거리를 조망하는 대형 광고판이 중국 대지진 참사 장면에 이어 어업권을 두고 일본 순시선과 대치 중인 해경 경비함을 보여준다. 서해대전에서 전사한 장병들의 흉상이 실린 조간신문이 소개된다. 분단된 한반도의 금강산 관광객들의 인터뷰 장면이 외금강의 신비 속에 멀어져간다.

4

역사의 꽃나무는 죽음의 언덕에서 자라난다. 봄이면 화려한 꽃을 피우고 주석가들의 점심 식사를 위해 철 이른 열매를 떨어뜨려 준다. 여름은 지루한 계절, 태풍이라도 불지 않는다면 역사의 꽃나무 가지에 잠든 녹슨 상처를 일깨우지 못한다. 가끔 사다리를 놓고 우듬지까지 올라와 시간의 평원을 조망하는 학자들, 이야기꾼들을 위해 쓸모없는 가지를 잘라 내어준다. 평온한 역사의 아침과 저녁을 위해 불이 지펴지고, 피어오르는 연기 사이로 역사는 순한 식사로 식탁에 오른다. 편안하게 저녁 드라마를 시청하듯 검은 밤새들도 처마에서 귀를 기울이고 종종 한바탕 활극으로 역사는 끝을 맺는다. 간혹 부활하는 역사는 좀 더 큰 우주에서 미래를 향해 달리 해석되고, 저장되고, 분류된다. 예를 들어, 그 사건을 우리는 이렇게 저렇게 해석해서는 안 된다, 중요한 것은, 사실이라고 말해진다. 역사의 꽃나무는 지지 않는 태양과 떠오르지 않는 달을 지니고 있다. 잎잎 하나하나에 약속의 말을 달고 수천 년을 살며 그늘을 드리운다. 죽은 자들의 무덤 위에 번성하며 내일의 밀림을 꿈꾸며 자라난다.

5

몽골 고비사막에서 날린 새 한 마리 외로운 사람의 창가에 앉아 울부짖는다. 오, 나의 밀림이여. 역사는 늘 현재적 의미에서 사기다. 콰이 강의 다리가 휘파람을 분다. 물결이 솟구쳐올라 바다로 역사를 떠밀고 간다. 하늘에서 폭탄을 퍼붓던 B-29 폭격기 하나 시간의 나뭇가지에 걸려 녹슬어간다. 독도에서 일본 열도까지 두르는 기름띠, 원혼들로 맺은 조약 너머로 동해의 거센 파도가 밀려들어 온다. 오, 나의 밀림이여. 역사는 늘 현재적 의미에서 사기다. 콰이 강은 휘파람을 불지 않는다. 역사의 강물을 딛고 강을 건너는 사람도 열대 과일의 향기도 없다. 몽골 고비사막에서 날린 외로운 새도 눈보라 휘몰아치는 태백산맥도 없다. 원혼 같은 것도, 일본 열도에서 독도까지 두르는 기름띠도 물론 없다. 정신대 할머니도 서울로 가는 전봉준 같은 사진도 모두 허구다. 성난 물결이 21세기로 흘러가다 말고 휘몰아치는 눈보라로 태백산맥을 덮는다는 것도 모두 허구다.

나의 벗 족제비

털가죽 외투를 벗어 옷걸이에 걸며
바지에 묻은 눈을 털어낸다.
눈 내리는 창밖을 내다보는
작고 검은 눈에 그늘이 진다.
가끔은 거리를 떠나보는 것도 괜찮겠지?

커피 한 잔을 마신 후
다시 문을 열고 밖으로 나간다.
밖은 흰 눈으로 덮여 고요하다.
그처럼 일과 삶의 목적이 맞는 경우도 드문 일이지만
불경기는 그에게도 견디기 어렵다.

맨주먹으로 일궈논 재산도 보잘것없지만
맥없이 내리는 눈을 바라보는 것은 더 고역이다.
생각하면 악착같이 거리를 뛰어다닌 지난날도
허망하기 짝이 없다. 불경기는
지금껏 그가 싸워본 상대 중에 가장 강하다.

큰물은 그렇게 밀려와
키 작은 나무들을 황토 흙 속에 묻고
계곡의 바위를 굴려 길을 막아놓는다.
오래 묵은 나무 등걸에도
억센 발톱 자국을 남겨놓으며
생존 의지를 시험한다.

숭례문

밤새 개들이 모여들어 짖어댔다. 인왕산에서 남산에서 북한산, 도봉산, 관악산에서

멀리 속리산, 계룡산, 지리산, 한라산에서 개들이 짖어댔다.

살아 육백 년을 산 소나무들이 또 죽어 육백 년을 살아온 소나무들이

불꽃을 뿜어대는 동안 하늘에서 꽃비가 내리고

전쟁의 참화에도 견딘 지난 왕조의 큰문이 평화의 도시, 평화의 밤에 사라져갔다.

흰 국화꽃 무덤 곁으로 가면무도회에서 돌아온 시민들의 아침 발걸음이 이어졌지만

새로운 시대를 선포하는 복음 속에 영욕의 세월을 간직한 살아 있는 역사의 실종을 조문하는

서른세 번의 종들처럼 불타버린 숭례문. 무릎 꿇는 역사를 두고 우리는 가면을 쓰고 빙빙 돌며 춤을 추었다.

누구나 하나의 불꽃을 지니고 사는 우리 시대에 어느 문

인들 온전할 수 있었겠는가.

점증하는 좌절과 분노, 슬픔과 아우성이 언제 또 유구한 전통에 칼날을 들이밀지 아무도 모를 일이다. 숨 가쁘게 달려온 반세기 공화국의 역사가 이로 인해 무너지진 않겠지만

균열이 생긴 빙판이 봄이 오면 날카로운 외침과 함께 스스로 함몰하듯

무수한 역사의 전화를 견뎌낸 육백 년의 세월도 그 문은 온전히 지켜내지 못했다.

어느 겨울 아침에

기름 바다가 되었습니다. 갯벌이 온통 시커멓게 변했습니다. 망둥이도 갯지렁이도 겨울 철새도 기름을 뒤집어쓰고 죽어가고 있었습니다. 기름을 뒤엎은 사람들이 몰려가 수십만 명이 넘어 백만이 넘는 사람들이 몰려가 바위를 닦고 모래를 걷어내고 섬을 돌며 기름을 걷어냈습니다. 참으로 참혹했던 겨울을 났습니다. 기름을 누가 엎었건, 기름을 닦아내었습니다. 그 사이에 목숨을 끊은 늙은 어부도 두 사람 있었습니다. 평생을 보고 살아온 바다와 함께 죽었습니다. 바닷새들도 죽고 굴도 조개도 죽고 미역과 파래 김마저 죽고, 사람도 죽었습니다. 아무도, 아무런 말도 없었습니다. 저녁 뉴스에 오르내리며 보인 수십 년만의 강추위가 대관령을 영하 27도까지 얼렸습니다. 눈 내린 산록이 좋다고 사람들은 검은 옷을 입고 스키를 타고, 태안 바닷가에서는 눈처럼 흰 옷을 입고 검은 기름을 걷어냈습니다. 아무도, 아무런 말도 없었습니다. 사람들이 다녀가고, 걸레질하고, 새들이 날고 날이 추웠습니다. 텔레비전에서는 새 지도자가 새로운 희망을 이야기했습니다. 빵과 바꾼 한 조각이 아침부터 고드름 녹은 물로 떨어지도록 날이 풀리고 있었습니다. 그래도 추운 날씨에 몸을 웅크리고 울릉도에서 내리는 폭설을 생각하며 기름 바다를 떠올리고 있었습니다.

고성古城의 별

고성의 저녁 하늘에 별이 떠올랐지만
사람들은 희망을 잃어버리고 말았다.
사람들에게 남겨진 것은 당나귀 가죽
한 장뿐이었다.

푸들거리며 고성의 거리를 배회하며
집집마다 먹다 남은 음식을 받아먹던
고성의 새로운 명물 당나귀는
폭동이 일어났던 다음 날
폭도들에 의해 목을 매달아야 하는
처량한 신세가 되었다.

사람들은 아무도 당나귀의 죽음을 이해하지 못했다.
당나귀가 한 것이라곤 아무것도 없었다.
논쟁의 한가운데로 뛰어들어
입을 열어 외치지도 않았고
기이한 재주로 불길한 패를 고르지도 않았다.
당나귀는 저녁이면 아무 집이건

빈 헛간에서 잠을 잤을 뿐이었다.

하지만 사람들은 희망을 잃어버렸다.
거리로 몰려나온 그들은 분개해
제일 먼저 눈에 띈 당나귀를 때려잡았다.

사과 밭에서

농부들은 잘 익은 열매만 골라 딴다.
사과 밭에 가보아라.
병들고 상처 난 사과는
아무렇게나 버려져 나무 밑에서 썩어간다.

농부에게 병든 사과나 썩은 사과가
인정을 호소해야 아무 소용없다.
나무 발치에서 뒹굴며 썩어가는 사과를 보면
전쟁터에서 쓰러져간 사람들의 엄숙함이 감돈다.

사과나무도 말이 없다.
잎새를 다 떨군 그늘 밑에서
한때 가지를 무겁게 하고
뿌리에서 솟아오르는 수액을 마시던 사과들이 뒹굴어도
농부가 궤짝 속에 담아가는 사과에게 말이 없듯이.

운 좋게 햇살 좋은 남쪽 가지에서 자란 사과와
운 나쁘게 새들에게 쪼인

비바람이 몰아쳐 그만 익기 전에 떨어진 사과들이여.
인생을 살아가는 사람들이 그렇듯이
그대들 또한 각자의 길을 갈 뿐이다.
높고 낮음이 있는 과수원의 한 모퉁이에서
모두 봄에는 아름답게 꽃을 피우지만.

집에 관한 사색

어떤 사람은 평생 집을 한 채도 갖지 않았다.
집을 가질 수 있었던 그였기에 사람들로부터 존경을 받았다.

어떤 사람은 집을 한 채 마련하기 위해
평생 등이 휘어져라 일을 했다.
그는 존경은커녕 동정도 받지 못했다.

우리는 모두 어디에 속하는가.
이런 물음은 우리 모두에게 모욕적이다.

그럼 우리 모두는 어디에 속하길 원하는가.
이런 물음도 우리 모두에게 모욕적이다.

아니 이런 물음은 우리 모두에게 더욱 모욕적이다.

평생 집 한 채도 없이 산 사람은
옷 한 벌로도 깨끗하게 일생을 살 수 있었을 것이다.

그러나 평생 집 한 채를 마련하기 위해 사는 사람은
여러 벌의 옷으로도 자신의 눈물을 모두 가릴 수 없다.

먹자골목

바람도 불지 않고 비도 내리지 않는 날에는
바닷속에 가라앉는 먹자골목.
낙지와 문어가 마주 앉아 안동 황우를 뜯고
광어와 도다리가 소주를 기울이며 아우내 순대를 먹는다.
변해버린 바닷속 세상을 푸념하며
불타는 낙지는 낙지 다리를 씹고
복어들이 모여 땀을 흘리며 복 매운탕을 먹는다.

전설의 먹자골목에도 때때로 비 내리고 바람이 분다.
가끔씩 길 잃은 나그네가 들러
사람 사는 세상 이야기를 전하고
장국밥을 말다 말고 골목을 바라보는 눈길에도
빗방울이 떨어진다.
제 삶을 저며 요리하는 음화들에 대한 전설이
고기 굽는 불판 사이를 떠돌 때쯤이면
누가 돈벼락 맞은 이야기와
돈벼락을 맞아 죽고 싶단 이야기들이
연민을 부여잡고 주정을 시작한다.

그해 여름

오월의 밝은 햇살 아래
언덕에 앉아 바람을 쐰다.
그해 여름 내게 무슨 일이 일어났던 것일까.
오랫동안 그해 여름을 잊기 위해
나는 먼 길을 아내와 함께 걸어왔다.
언덕을 넘어 떡갈나무 아래에 앉아
투명한 햇살이 바람에 잘게 흩어지는 것을 보면서.
아직 여름이 오지 않은 그늘
꽃등을 달려왔던 이들은 모두 떠나가고
아내와 나는 아무도 없는 고갯마루에서
고즈넉한 산사를 바라보며
바람을 쐬며 앉아 있었다.
소음처럼 웅성거리던
그해 여름 아내에게는
무슨 일이 일어났던 것일까.
까마득한 하늘에서 자지러지는
회오리바람 불어오듯
아내는 떨리는 목소리로 노래 부르고

나는 내일을 모르는 손으로
아내의 손을 잡고 말았다.
아내와 둘이 산길을 오르며
여기저기 뒹구는 바위 등에 앉은
나무들을 보며 슬프지도 않게
우리는 이야기를 나누었지만
그해 여름 아내와 내게 무슨 일이 일어났던 것일까.

정동진

바닷가 옆
파도가 밀려드는 곁에
기차가 서는 간이역
사람들 내려 동해 바다를 바라본다.
청량리 아침 여덟 시 차
길고 지루한 선로를 따라
눈 쌓인 태백산맥을 넘어
내려선 곳에서
다들 바다를 바라본다.
바다는 넓고 끝이 없다.
흐르는 모래로 시간을 잴 수도 없고
담아낼 수도 없다.

산책로에서

생활을 놓고 싶다.
머리 희끗한 허름한 노인들처럼
한겨울 묵묵히 죽은 듯이 서 있는 나무들처럼
물 흐르지 않는 작은 가문 시내처럼.
떨어져 뒹구는 낙엽들 이리저리 바람에
표표히 자신을 내맡기듯 살아가고 싶다.
아이들 손을 잡고 벚꽃 수놓은 산책로를
걸어가듯, 또 멀리 찾아간 산등성이에서
사람의 거리를 바라보듯
고요한 오후에는 햇살 부서지는 마루에 앉아
그늘진 곳의 서늘함에 몸을 맡기고 싶다.
벽을 기어오르듯 살아온 삶이며
지워지지 않는 상처를 지우지 못하는 생활이며
지난날의 풍경을 닮은 생각들도 함께 놓고 싶다.
쓸쓸한 바람 이는 삶이라도 차라리
마음 한편 찾아갈 곳이라도 있다면
이제 그만 생활을 놓고 싶다.

사는 법

강으로 고기를 잡으러 가서
한 마리 못 잡고도 웃으며 돌아오는 사람과
함께 살아갈 수는 없다.

흰 눈 내려 덮이고 또 덮인 산중에서
한 달이고 두 달이고 지내면서
집으로 돌아갈 걱정을 하지 않는 사람과
함께 살아갈 수는 없다.

더불어 밤새 이야기를 나눌 수도 없고
겨울 지나 봄이 오는
진달래꽃 핀 등성이 길을
함께 걸어 넘을 수도 없다.

그대여, 그렇게 살아갈 수는 없다.

감나무 한 그루

산모퉁이 누가 심었는지 모를
감나무 한 그루
겨우내 산새들이 날아와
홍시로 허기진 배를 채우고 갔다.

그대의 갈비뼈 살을 발라
석쇠에 구워놓고 술잔을 기울인다.
밖에는 겨울비가 내리고 있다.
비는 창문턱에 부딪히며
새들의 노래를 한다.

그대는 한 그루 나무를 심고
숲을 꿈꾸었지만
이름 모를 낯선 새들을 위해
좋은 일을 했지.

쓰디쓴 열매

따두었어요 머리맡에. 언젠가는
당신이 떠날 때 하나 떼어
감탕빛 탕기에 넣고
약으로 달여 두지요.

서운한 당신 그 검은 물 마시라고
하지 않아요. 그건 내가 마실 약이고
난 죽지 않아요, 당신이 떠나가도.

쓰디쓴 열매 따두었어요.
꽃 피는 데 삼 년 익는 데 삼 년
그리고 비바람 맞히는 데 십 년

늘 잠자던 머리맡 벽에
은실로 감아 매달아 두었어요.
당신이 다시 찾아오면 하나 떼어
감탕빛 탕기에 넣고
약으로 달여 두지요.

하루에 조금씩 마시다 보면
당신보다 먼저
당신을 잊겠지요.

봄비 내리는 날

우산을 쓰고 길을 걸어 봐요.
봄비 내리는 소리, 우산에 들리는 소리
겨울나무 가지 끝에 맺히는 물방울
꽃 피우겠죠
당신의 창 앞에도
화려한 라일락 벚꽃
바람에 우수수 떨어지는 꽃그늘까지.

봄비 내리는 날은
우산을 쓰고 걸어 봐요.
홀로 뚝방길 걸어가면,
잊었던 노래도 생각이 나요.
언제나 마음속에 부르던 노래
바람이 흐르듯 당신을 생각하며 부른 노래

불러 봐요. 봄비 내리는 날은
홀로 창을 열고 거리를 보면
나지막이 다가오는 추억들

겨울 가고 나면 봄이 오는 길에서
슬퍼하던 사람 멀리 떠나가고
연초록 잎새 아롱지는 꽃잎 사이로
새로운 연인들 돌아오겠죠.

비 내리는 날

나의 검은 우산은
어디 있나.
누가 치웠을까.
오랫동안 쓰고 다니던
나의 검은 우산은
어디 있나.

비 내리는 날이면
임은 부는 바람처럼
들길을 홀로 걸어가고
나는 우산을 찾느라
흙탕물이 흐르는
강가에 늦지.

비에 젖은 모습으로
황토물이 흐르는 강물을
임은 바라보고 섰고
나는 망연히 또
임을 바라보며 섰지.

꿈

숲가에 앉아 피리를 불어요
바람은 당신의 발목을 감고
당신은 부드러운
봄의 풀밭을 걸어요
당신의 미소 띤 향기가
아카시아 꽃잎에 스쳐요
구름 위를 흐르는 피리 소리
햇살은 구릉지를 비추고
당신은 한낮의 고요를 꿈꿔요
쉬임 없이 흐르는 강물처럼
조각배가 떠가요
풀잎처럼 맑은 물살을 헤적이며
망망한 바다까지
가없이 흘러가요
당신은 미소 지으며
나의 감은 눈을 들여다보고
나의 꿈은 피리를 불다 곤히 잠이 들어요.
숲가에 앉아 피리를 불어요

바람은 당신의 발목을 감고
당신은 부드러운
봄의 풀밭을 걸어 강가로 가요
햇살은 당신의 살갗에서 빛나고
나는 곤히 잠이 들어요.

나의 사랑 노래

내 노래가 당신 창에 검은 커튼을 드리운다고
한탄하지 말아요.
태양이 떠오를 때쯤이면
그 장막을 걷어 드릴 테니까요.

내 노래가 당신 귓가에 들릴 때쯤이면
나는 나의 새 떼를 이끌고
벌써 멀리 떠나가 있을 거예요.

달콤한 라일락 향기로운 노래를
나는 부를 줄 모르고
당신은 내 검정 새들이 지저귀는 소리를
들을 줄 모르니

나의 사랑 노래는
언제나
이별 노래

내 노래는 깊은 동굴 속에서
메아리치고
내 새 떼는 잠이 들어요.
검은 가죽에 싸여 잠이 들어요.

내 노래가 당신 창에 검은 커튼을 드리운다고
한탄하지 말아요.
태양이 떠오를 때쯤이면
그 장막을 걷어 드릴 테니까요.

고백

난 어쩌면 불행을 즐겨요
당신은 이상한 눈빛으로
나를 보지 말아요.

행복보다 불행이
만남보다 이별이
강렬하게 햇살 비추는 날이,
난 숲 속 바람에 잎새들이
회오리지며 떨어지는 날
당신을 그리워해요.

그리고 당신의 눈물이 보석처럼 떨어지면
난 그것을 주어 바구니에 담아두고
긴긴 겨울밤 홀로 앉아
은실에 꿰어 목걸이를 만들죠.

당신이 봄의 꽃밭을 거닐면
나는 가을의 거리를 방황하죠.

그런 이상한 눈빛으로
나를 보지 말아요.
난 어쩌면 불행을 즐기지만
그건 내 탓이 아니랍니다.
은실로 꿴 당신의 눈물로 만든 목걸이도
내겐 잘 어울리진 않죠.

문경새재

I

조령산 정상에서 주흘산을 본다.
섰던 자리가 아득하여
지나왔는지조차 실감나지 않는
산속 하루. 이화령 고갯길을 내려
다시 문경으로 들어간다.

II

비 내리는 문경새재 이우는 관문들
바람에 날리던 한 가족이
찾아가던 고갯길. 물 흐르던 숲을 지나
살아온 세월을 굽이굽이 걸어 넘던 곳.

관문 끝에 서면
서쪽 하늘에 붉은 노을이 지고
수안보 산 산 너머 충주를 지나

서울로 가는 길목이
소조령 마루에서 시작하고

옥수수 잎 스치는 바람에 손을 잡고 걸어가며
세상을 어설프게 살아가던 젊은 가족이 엮은
추억이 서려 있는 고사리 마을이 정겹다.

Ⅲ

조령산 정상에서 주흘산을 본다.
물박달나무 숲 아득히
깎아지른 절벽이 마주하고
굽이굽이 물길 따라
골골이 흘러내리는 햇살이
푸른 나무들의 바다를 꿈꾼다.

봄비

하루 종일 싸인 눈을 녹이는
봄비가 모락산을 적셨다.
내일은 더 이상 산 북쪽 기슭에 싸인
흰 눈을 보지 못하리라.

불우했던 것이 마음가짐에서
오는 것임을 잘 알았던
두보이기에
한마디 말보다
한 그릇의 밥에 더
목이 메었다.

두보네 집에 비가 샌다.
가는 봄비에도 방울져
낡은 옷자락 같은
방바닥에 떨어진다.

농월정弄月亭

어느 가을 불타버린 농월정
함께 타버린 선인들의 글귀가
물소리 따라 흘러가는
안의와 함양 가까운 골짜기
고집을 꺾고 출사한 안의현감 연암이
열녀함양박씨전을 지었던
먼 산골짝 너머
찾아갔던 곳 바위에 앉아 발을 담그고
산중을 떠나가는 거센 물소리를 듣는다.
고집을 꺾고 출사한
안의현감 연암의 목소리를 듣는다.

아니다, 아니다 소리치며
농민들의 손을 잡고 성을 쌓고
마당에 연못을 파고
공작관문고 서재를 만들고
산중에 앉아 세상을 보던
열하를 건너 청나라 길을 가며

벌통 치던 눈으로 목민하던
잠을 잃어버린 늙은 선비의 목소리를 듣는다.

종이 진주

종이 진주

비가 많이 쏟아진 날이었다.
어머니는 장사를 끝내고 밤늦게 돌아오셨다.
몸이 흠뻑 젖으신 채로 오셨기에
전대에 넣어두었던 돈도 전부 비에 젖었다.
장사가 잘된 날이었지만
비가 왔다 하시면서
어머니는 화롯불을 피우시고
인두로 일일이 백 원권 지폐를 다리셨다.
푸른 빛 종이 진주에서 나는
화덕내는 토방 안에 은은히 퍼지고
밖에서는 여전히 비가 내리고 있었다.
진주를 캐는 사람들 이야기는
늘 허망하거나 비극으로 끝났지만
어머니는 시장 골목으로 장사를 다니셨다.
때로 채마밭에서 키운 채소를 파시기도 하고
어떤 때는 두부를 만들어 새벽녘에
식당에 대기도 하셨다.
돈을 세시다가도 손님들에게 물건을 팔고

날이 저물어서야 집으로 돌아오시면
푸른 빛 지폐를 모두 꺼내놓으시고
그날 일수를 찍은 작은 치부책을 보시며
밤늦게까지 셈을 하신 적도 있었다.

무명지無明枝

내 죽으면 그저 푸른 풀이거나
부드러운 흙이나 맑은 냇물이 될 터인데
어느 날은 무명의 가지에
한 잎으로 매달려
또 오월의 초록으로
햇살에 빛날 날이 있을지
생각하면, 마음 어두운 날에는
시든 잎새로 떨어져
다시 뒹구는 날이 있을지

남쪽으로 북쪽으로
뻗은 덤불숲에 불이 붙어
하늘로 오르는 연기여
내 무명의 가지에서
타는 연민이여.

비단

밖에 비가 내려요.
빗소릴 들으며
오늘도 홀로 비단을 짜요.
금실 은실 수놓은
비단을 짜요.
당신은 오지 않지만
비단을 짜요.
낙숫물 듣는 소리까지
무늬를 넣어
긴긴밤 기다림의 비단을 짜요.
당신은 오지 않지만
한숨은 쉬지 않지요.
이제 짜는 비단으로 무엇을 할까
생각도 하지 않지요.
비단으로 방 안이 가득 차도
무엇을 할까
정말 잊었지요.

3월의 날씨

엊그제 눈발 날리더니
오늘은 화창하여
먼 산 그늘에 흰 눈
보기 어렵다.
내 마음 같은 3월의 날씨여
지난겨울
골목길을 고개 숙이고
불어가던 바람은
어디로 가고
오늘은 햇살이 화사하구나.
돌아보면
겨울이 있었던가
생각해보면 아득한 여정처럼
창밖을 내다본다.

저녁 무렵

마음을 고백한 날 저녁 은은히 어리는 안개, 거리를 휘감은 안개, 봄이 오는 거리에서

너와 마주할 새 없이 따로이 내 마음을 또 담아야 하는 아픔이, 말해도 또 모자라고 말하지 않는 것이

차라리, 고이 간직하고 밤이 오듯이 내게도 네게도 어둠 속에 등잔불을 켜고

먼 곳에서 온 편지를 읽듯이 이야기를 도란도란 주고받으면 얼마나 좋으리.

우리가 머리카락 희끗이 세지 않아도, 창밖에 밤바람이 부는 날 창호에 스치는 숨결처럼

마주 앉아 서로 눈을 바라보며 세월이 흫금마다 아로새긴 손금들을 펴보이며

철썩이는 물결 소리 들려주면 좋으리.

저녁 무렵이면 들끓던 사위 고요해지고 홀로 걸어가던 솔밭 길에서 바라보던 하늘, 낮은 하늘, 구름 물들이며 어두워지던 하늘처럼, 난

거리를 걸어가며 언젠가 보아두었던 하늘 이야기를 네게 하고

그냥 하늘을 보고 마음이 흩어져 높다랗게 무늬 지던 구름
바다라고 늘 생각했던 것을 네게 소곤거려 주면
아니 좋으리……. 우리가 만나 마주 앉아 이 모든 것을 이야기할 수만 있다면.
아아, 아픔의 꽃 피우지 않고 떠나가지 않고 이룰 수만 있다면
늘 산정에서 내려다보며 언젠가는 고백할 것을 품지 않고 날마다 서로 웃는 것이 고통스럽지 않을 수만 있다면
수많은 이야기 몸짓으로 서로 부딪히지 않고
함께 건넜던 개울처럼, 뒤척이던 바다 바라볼 때처럼
바람 안 불어도, 설레는 봄날처럼
숨 쉴 수만 있다면. 따스하게, 그래 그냥 따스하게
마주하고 평화롭게 숨 쉴 수만 있다면 얼마나 좋으리.

피로한 하루

하루 종일 하늘 흐리더니
저녁 무렵 비가 세차게 쏟아졌다.
아직 일이 끝나지 않았으니
집으로 돌아갈 길이 멀고
한 잔 술로도 달랠 수 없는
피곤한 하루
길기도 하지.

밤은 창밖에서
우두커니 안을 들여다본다.
전등 불빛 아직 꺼지지 않아
피로한 사내는 머리를 수그려 책을 보네.
벗어진 머리 주름진 이마
흐려진 눈빛으로 고개도 들지 않고
귀로는 쏟아지는 빗소릴 듣는다.
집에는 아이들과 누가 있을까
아침에 얼굴 보고 말았으니
다시 하루가 갔나.

하루 종일 하늘 흐리더니
밤에도 세차게 비 쏟아진다.
바람은 창문을 흔들어
마음을 흔들고
한밤 돌아갈 길에
쓰고 갈 우산 하나 손에 들고
우두커니 밖을 내다본다.

나이

스물일곱 살에 죽은 불운한 화가를 생각하며
삶과 죽음에 대해 우리가 무엇을 말하지 못해도
세월은 흘러가서 나이에 대해
사람들은 이야기한다.
한 해를 더 살고 일찍 죽는 것이 무엇인가.
나무들처럼 표정도 없이 입도 없이
수많은 팔을 바람에 흔들며 허공을 잡으려 애쓰며
산 것은 아닌데.
불운한 사람은 누구인가.
일찍 죽어 살아 있는 사람들의 입에서 입으로 그 삶이 오고가는 이인가.
오래 살아 나이를 헤아리며 한 겹 한 겹 연륜의 수레바퀴를 굴리는 이인가.
사람들은 나이에 대해 이야기한다.
양손 가득 구슬 꾸러미를 들고
한 알씩 채워가며 셈을 한다.
삶과 죽음은 팔짱을 끼고 문밖에서 담소를 나누는데
불운과 운에 대해 이야기하며 말한다.

오래 산 것과 짧은 세월을 산 것에 대해
낙엽이 쌓인 숲길에서 홀로 만난 낯선 나그네에 대해
서로 의혹의 눈길을 주고받으며 헤어진 이들처럼.
그리고 다시 책장을 넘기며 읽어보는 것이다.
스물일곱 살에 죽은 불운한 화가를 생각하며
자신의 나이를 헤아려보는 것이다.
불운한 사람은 누구인가.
일찍 죽은 이인가 살아남은 이인가.

속삭임

내가 언젠가 당신에게 말할 때, 밤이 오고, 또 바람도 불지 않았지만

입김이 서린 듯 산속 깊은 곳에 눈이 내리고

눈 내리는 마을 길 끊어져 둘이 도란도란 마주 앉아 이야기하고

한겨울을 그렇게 눈이 녹을 때까지 밤이 오고, 또 하루해가 시작되어도

그저 마당에 한 번 나와 눈을 치우고는

앞집에서 멀리 피어오르는 연기 바라보고

고드름 달린 처마 끝에 햇살 빛나는 아침 눈 바라보고

당신은 그냥 조용한 부엌 아궁이에서 탁탁 불꽃 튀는 소리로 앉아 내 이야기를 듣고는 했지.

아마 그 이야기 지금은 어느덧 당신과 내가 나란히 산에 올라 바라보던

그 구불구불한 큰 강까지 흘러왔는지 몰라.

어둠이 내리면 등잔불을 켜고, 또 밖에서는 눈이 하염없이 내려 쌓이고

우리 아이들이 곤히 잠든 건넌방에서 동치미 국물 후룩

거리며
장독대 돌아 내려오는 배고픈 짐승 발자국 소리 들리는지 귀도 기울여 보고
당신은 장롱 문을 열고 흐릿한 불빛 아래 이불깃을 들쳐 보고는
봄을 이야기하고, 난 그저 또 동치미 국물이나 한 대접 더 먹었으면 하는데
내가 언젠가 당신에게 속삭일 때 난 눈을 감고 있었지만
당신은 아예 귀를 내리고 있었는지 몰라. 내 이야기가 그냥 스치는 바람처럼 당신 귓바퀴를
맴돌다가 낙엽처럼 떨어졌는지 몰라. 마당도 없는 울타리도 없는 첩첩이 두른 바위산도 없는
하늘 꼭대기까지 구름이 드리운 곳에 살며 아침마다 새소리 물소리가 그리운 곳에 살며
눈을 뜨고 싶지 않아, 잊었는지 몰라. 봄에는 앞산에 올라 풀잎을 헤치고
가을에는 떨어진 열매를 줍는 작은 멧새들처럼 우리가 살고, 살았는지, 살고 싶었는지

당신은 누워 잠이 들고, 나는 속삭이다 잠이 깨어 천장만 바라보며 눈이 말똥말똥했는지 몰라.

우공이산愚公移山
— 어리석은 늙은이가 산을 옮겨놓다

우리가 사는 세상이 때로
화산이 폭발하고, 땅이 갈라지고, 폭풍우가 몰아치고
홍수와 같은 큰물이 진다 해도
사람들이 흙 속에 묻히고, 흔적도 없이 사라지고
또 시가지 전체가 물에 잠겨 여기저기
죽은 시신이 떠다닌다 해도
사람들은 여전히 수만 년을 이어 살아왔다.

오늘 우리가 옮겨놓아야 할 큰 산을 보지 못하지만
오늘 또 불덩이가 쏟아지는 갈라지는 땅과
쏟아지는 빗줄기로 삶이 휩쓸려가는
전율 속에 있지도 않지만
이 보이지 않는 어려움을 넘어
우리들 마음을 한 해 두 해 갉아먹는
많은 사람들을 무릎 꿇게 했던 그것을 넘어
결국에는 다시 이 땅에서 살아갈 것임을 안다.

해묵은 된장

오래된 된장 맛이라고
묵은 김치도 맛이라고
묵은지 가게가 거리에 유행하듯
우리 정신도 오래 묵으면 맛이 날까.
너무 오래 묵은 된장에 가시 생기고
너무 오래 묵은 김치 삭아버리듯
우리 정신은 너무 오래 묵으면
도리어 맛이 가는 게 아닐까.
어두컴컴한 광 속에 들어앉아
주인 양반 생각에 잠긴다.
사람이 너무 홀로 오래 있으면
얼굴빛으로, 몸짓으로 생각을 한다.
허리 굽히고 항아리를 들여다보며
손에 바가지를 들고
우리 정신도 오래 묵으면 곰팡이가 피나.
된장도 김치도 퍼 담을 생각 없이
고개 숙이고 골똘히 항아리처럼
앉아 있다. 광 속 어둠에 젖어

못에 걸린 먼지 뒤집어쓴 오래된 키와 바구니처럼
거미줄 친 구석에 오도카니 앉아 있다.

하늘을 보자

가슴 답답하고 초라할 때
하늘을 보자, 새털구름 높이 떠가는 일렁이는 상상의 바다 위로
항해하는 배의 선장처럼 가슴을 열고
우리 삶이 한낱 일상을 살아가는 보잘것없는 것일지라도
진주보다 고귀한 마음이 숨어 있음을
잊지 말자, 먼 옛적부터 전해오는 위대한 스승들의 가르침 버리지 않고
불 켜 오고 그 불빛 흔들리는 바람 속에서도
한 방울 눈물이 흐를 때도 놓지 않았던 고운 마음씨
꽃처럼 피어나지 못해 쓸쓸할 때도
봄 동산 흐드러진 꽃가지들이
너의 마음과 나의 마음이 어우러져 피어난 것임을
눈을 뜨고 바라보자, 보이지 않는 수수한 생활 속에서
찾아야 할 보석들이 수줍은 듯 빛나고 있음을
그늘에 묻혀 보아주는 이 없어도
버려서는 안 되는 소중한 것들

알알이 주워 은실에 꿰어 갈무리하고
때때로 마음 쓸쓸하고 삶이 흔들릴 때
조용히 꺼내보자, 우리가 정말 지켜야 할 것을
지켜왔고 떳떳하게 살아왔음을 잊지 않도록
저 하늘처럼 높은 하늘처럼.

귄터 그라스와의 산책

슬픈 사람은 키가 자라지 않는다.
하늘이 무거운 까닭이다.
그는 북을 두드리며
숲길을 걷는다.
나무들이 일제히 묵념하는
묘지 사이에서
일그러진 두레박으로
슬픔을 토해낼 줄 모르는 까닭이다.

마르지 않는 샘물처럼
길게 밤하늘을 가르며 떨어지는 별똥을 보며
우리는 작은 키에 대해 이야기를 나눴다.
네 겹의 스커트 밑에서
터지는 폭탄처럼
눈물이 흘렀으면
차라리 좋았을 것이라고.

헤어지는 길에

나는 홀로 독일 가문비나무 아래 섰다.
견고한 목질이 지구에 든든하게
뿌리를 박고 있었다.
그래도 흘러터짐으로
유예된 키가 밤새 자라는 이는 행복하다.
약간 등이 굽은들 무엇이 문제이랴.

그래 아무것도 문제 되지 않는다.
끊임없이 울려대는 북소리는
지각을 뚫고 솟아오르던
생명의 힘이었다.
혼신의 힘으로 어둠을 밀었던 그 힘 말이다.

독서유감讀書有感

세상에서 길을 잃고
책 속에서 길을 찾다.

한없이 낮은 땅으로 떨어져 내리다.
흐르는 모래에 묻혀가는 시간들
기억의 녹스는 상처들이
둔황의 석굴처럼 길을 낸다.

가뭇없이 지평선 너머로 떠오르는 밤하늘
외로운 영혼들의 성좌가
마지막 남은 지상의 양식처럼
길을 비추어준다.

낮은 고요한 창가에서
밤은 등불 아래서 책을 덮고
길게 역사를 되돌아보며
마음의 문을 열고
폐허가 된 고금을 회상하고

멀리 사라져간 세상 너머로 난
책 속의 길을 찾아나선다.

잎이 떨어진 가을을 지나
움츠려 지내던 겨울이 또 지나면
오는 봄처럼,
외로운 이들이 가는 숲길처럼
서가에 곱게 앉은 먼지를 털고
표지를 열면
때론 준엄한 서릿발 같은 눈동자에
그만 아득한 정신이 쇄락해진다.

그대를 생각하며

난 어리석게도 아직
이 나뭇가지에서 저 나뭇가지로
날아가는 새처럼
많은 이별을 할 수 있다고 생각한다.
묵은 흙을 갈아엎고
새 씨앗을 뿌리는 농부처럼
뿌리에 묻은 지난 삶의 흔적을
털어낼 수 있다고 생각한다.

그러나 내가 어리석었던 것은 그대여
따스한 피 식어 한 번쯤
해묵은 자리를
비우고 싶었음이니

좀처럼 내 안에서
퍼낼 수 없는 그대여
그것이 운명이라면
옛날처럼 화사하게 꽃등을 달고

가지에서 가지로 어려오는 향기 자욱하게
내 앞에서 다시 한 번 내뿜어 보렴.

분수

그대가 일으켜 세운 한 그루 나무에서
지금 무지갯빛 물보라가 떨어진다.
막힌 혈관을 격류하는 수액처럼
견고한 가지와 가지 끝에서 연이어 터지는
물봉선화의 실핏줄들
한낮을 놀다간 작부와 곡두들이
시민들의 저녁을 물들이며
무더운 여름밤을 조명 아래 떨군다.
첫사랑처럼 만난 나무들이
말없이 옹위하고 선
오색등 불 밝힌 연못가에선
늙은 남편이 홀로 파문도 무수한 수반을 바라본다.
쇠잔한 문명의 마지막 서곡도 아랑곳없이
하늘로 치부를 향하고 거스르는
근원 없는 물줄기의 상승 운동이
포물선을 그리며 급히 떨어진다.

겨울 들길을 홀로 걸어가며

마른 쑥대 위로 내린 눈 얼어붙은 들길을 홀로 걸어간다. 살을 에며 귓전을 스치는 바람은 먼저 흰 눈 쌓인 들판을 가로질러 간다. 삼십 년을 건너 세월이 얼어붙어 있다. 그리고 그곳에 초라한 우리 집이 있다. 짚으로 인 토담 안에 살아갔던 아버지와 어머니, 아들들, 누이들. 한 가족의 기억이 있다. 잊어야 할 이야기들은 잊혀지지 않는다. 아니 흩어지지 않는다. 마른 쑥대에 얼어붙은 눈처럼 해저녁 집으로 돌아가는 길에서도 발길을 멈추게 한다. 가끔 길을 걷다 돌아보면 아득하게 지평선 끝에서 내가 나아왔음을 보지만, 흰 눈 덮인 그 길에는 늘 차가운 바람이 불고 노을이 진다. 추운 겨울 삭정이 많은 나뭇가지에 스산하게 걸려 있던 노을이 가난한 마을의 골목길에도 깔렸듯이. 우리가 지난날을 이야기하는 것이 옛 동산에 올라 크게 변해버린 향리를 보듯 구슬픈 마음이 일어나도 어쩔 수 없이 그것을 가슴에서 풀어내야 하듯이, 누구나 홀로 걸어가야 할 길이 있음을 받아들이는 것이 컴컴해진 앞산에 밤이 오는 것을 바라보는 일처럼 쉽지 않다. 아무도 없는 빈 마당에 해저녁에 들어서면 날은 더욱 춥게 살 속을 파고들고

긴 길을 걸어온 피로가 등잔불 켜지 않은 어둠에 묻혀 문득 식구들이 그리워지게 한다. 어디에 있을까 모두가. 어둠이 내리면 불빛 아래 모여 다시 불을 지피고, 이야기를 나누며 차가운 손발을 녹이며 함께 저녁을 먹고 마당 앞 밤의 적막을 두렵지 않게 대수로이 앉아 하늘의 별도 헤일 수 있는데. 홀로 걸어가는 길에서는 늘 지난 기억과 대화를 한다. 산을 오르기도 하고, 내를 건너기도 하면서 때로 겨울 안개에 쌓인 마을을 바라보기도 하면서 그렇게 계절이 가고 세월이 흐르고 또 늙어가는 것이지만 말이다.

슬픈 회상

1

비가 온다. 안씨 댁 황토 마당에
비가 온다. 어린 시절 눈물처럼 비가 온다.
아버지와 아들이 다투고 아내와 딸이 울며 집을 나선다.
다시 아들이 아버지에게 대들고 아내와 딸이 울며 매달린다.
아들은 지겹다 도망가고 아버지 술 취한 늙은 두꺼비처럼 잠이 들고
아내와 딸이 징징거리며 청소를 한다.
비가 온다. 안씨 댁 옆집 박씨 댁 홍씨 댁 지붕에도
일파만파 하염없이 비가 쏟아졌다.

2

집에 돌아와 보니 어머닌 홀로 쥐를 키우고 계셨다.
동생은 산으로 올라가 매가 되었다. 하늘 높이 솟아올라
다시는 지상으로 내려오지 않았다.

뒤곁에서 궁핍으로 키우던 닭이 쫓아와 내 발등을 쪼아
댔다.
굶으면 머리가 맑아져, 맑아져 단속적으로 비겁하게 죽
어, 라고
소리쳤다. 그래 내 유일한 소망은 없어지는 거야, 나는
자랑스럽게 대답해주었다.

깃털처럼 가벼워진 어머니
늙어가실 뿐 언제나 기도는 눈물과 범벅이 되어 있었다.
이제 우리는 가난하지 않습니다
이제 우리는 가난하지 않습니다
눈물이 구르는 소리를 들으며 나는 자랐다.

3

못난 애비와 못난 에미가 못난 자식을 낳고
못난 에미가 목을 매고 죽는다고 했지.
그날 밤 애비는 술에 취해 마룻장을 부수고

진흙을 퍼 던지다 잠이 들었지.
엉터리 같은 세월이었어.
밤새 온 들판을 헤매며 애비를 찾았을 때
우리는 반딧불 켜진 어둠을 무서워했지.
보름 후에 애비는 돌아왔지만 말이 없더군.
더부룩한 머리엔 바람이 불다갔는지
문을 걸어 닫았는데, 방문 앞을 지나며 우리는 목이 감겼어.
결국 그렇게 떠나갔지. 여름날 하오 졸음 겨운 수업 시간을 지나
어린 동생과 함께 돌아갔을 때
애비는 살고 싶다 하더군.
가느다란 숨결에 가래가 얹히면서도
우리 보고 불쌍하다 하더군.
하지만 장지에서 돌아오면서 우리 모두 시원하게 웃어젖혔다네.
한결 가벼워진 마음으로 정말 시원하게 웃어젖혔다네.

서녘 별을 바라보며

이제 그만 돌아가도록 하자.
내 스스로 조이던 목을 풀고
찬란하게 서쪽 하늘에서 빛나는
황금별을 바라보자.
새벽 동녘 하늘에서 떠올라
한낮을 소리 없이 천공을 가로질러
밤의 문턱에서 아름답게 빛나는 서녘 별
젊음도 꿈도 미움과 아픔도
그리고 무엇보다 기억들도
모두 빛으로 저물어가는 노을 속에 흩어지는
저 별을 바라보자.
검정말과 상상의 유라시아 대륙까지 달려보았지만
목을 조르는 풀리지 않던 손길에서
미움의 칼끝을 거두어들이고
옛집마저 불살라야 할 때인 것이다.
우리가 유적지를 맴돌며 떠나지 못하는 혼령처럼
어린 영혼이 상처 받음으로
지상의 많은 골짜기를 방황했지만

향기로운 나리꽃 한 송이로도
스스로 눈물을 거두어들일 수 있지 않았을까.
검은 산악의 능선 위에 빛나는 저 별처럼
또 어둠의 길을 오랫동안 가겠지만
다시 천공을 가로질러 돌아오는 아침을
맞이할 수 있지 않았을까.
이제 그만 돌아가도록 하자.
스스로 조이는 목을 풀고
풀밭에 내리는 이슬을 밟고
옛집 곁을 지나 유적지의 돌들 사이도 지나
무엇보다 기억들을 흐르는 강에 씻고
깊은 잠과 깨어남이 있는 새 집으로 말이다.

우리 마음에 빛이 있으라

우리 마음에 빛이 있으라.
아침 햇살로 밝아오는
찬란한 빛이 있으라.
동터오는 산맥 우듬지로
어둠을 사르는
빛이 있으라.
오랜 세월 간절히 소망하던
바람 이루어지는 날
흘러넘치는 눈물 번쩍이는
빛이 있으라.
흐느낌 위에도
들먹이는 어깨 위에도
돌아서 고개 숙여
일그러진 입술에 흐르는
끝내는 크게 입 벌려
외치는 통곡에도
빛이 있으라.
우리 마음에 빛이 있으라.

온몸 구석구석 어둠을 걷어내는
오랜 세월 걷어내는
찬란하게 싹 터오는
간절하게 소망하던
그런 빛이 있으라.

내 마음의 바오밥나무

내 마음의 바오밥나무
숲이 비바람에 술렁거릴 때
저것이 나무인가 바위인가
나무들이 수군거릴 때
소심하게 하늘을 향해 몇 잎 달고
물가에 서서
혹은 몇 천 년
땅 속에 머리를 두고
생각에 잠겨
두터워진 목질 사이에도
아직 물이 흐르는지 잊고
대지에서 자라나는 것들이
맞이하는 계절도 마다하고
꿈이 잎 지는 평원에서
눈을 감고
마르지 않는 것
잊혀지지 않는 것들이
모여 사는 성채처럼

부서지지 않는
지울 수 없는 단단한
이방의 거리에서 살아온
내 마음의 바오밥나무

그대와 내게 내리는 검은 비

검은 구름이 몰려와 도시를 덮는다. 비 쏟아진다.
그대와 나의 살 속으로 쏟아져 들어오는 검은 비. 살이 젖는다.
우울한 날의 하루여, 우울한 날의 하루여
그대와 내게 비 내리는 날들의 삶이여.
우리가 때때로 사물을 꿈꿀 때
우리는 저 내리는 비처럼
죽음을 꿈꾸고 있었던 것은 아닌가.
사물의 영원한 안식이야말로 우리가 꿈꾸고 있었던 것은 아닌가.
병든 욕망마저 잊혀진 채
늘 먼 곳의 그리운 소식처럼 시간의 파편 위에 앉아 있을 때만이 평화롭다면
무엇이란 말인가, 저 쏟아지는 검은 빗줄기들은.
우울한 날의 하루여, 우울한 날의 하루여
그대와 나의 살 속으로 쏟아져 들어오는 검은 물의 하루여.
저 깊은 근원의 세계를 이미 잃어버리고
잠이 깨어 창밖에 내리는 빗줄기를 보면서도

다시 눈을 감고 싶었던 날들의 삶이여.

별

하늘에는 사내들의 함성만큼이나
많은 별들이 반짝입니다.

밤이 깊어 하늘을 날아
당신이 부르는 소리에 대답하는 것입니다.

그중에서 가장 빛나는 별을
당신에게 드리겠습니다.

가장 어두웠던 날들을 우리가 사랑하였듯이

그중에서 가장 아픔이었던 별을
당신의 품 안에서 잠들게 하겠습니다.

고향 마을 어둠 속을 짖는 개

개가 짖는다. 고향 마을 어둠을 파먹으며 아이들은 자랐다. 어둠만큼 흙을 파먹으며, 그것도 모자라 눈 녹는 양지 풀뿌리도 캐 먹으며 할머니 귀밑머리 하얀 밤을 지새웠다.

새앙쥐처럼 남몰래 시렁에 얹어둔
명년 씨앗도 갉아먹었다.

하학 시간 빗물에 씻긴 노오란 귤껍질 댕그마니 놓인 소학교 운동장은 참 쓸쓸했었다.
누이야, 올망개 제법 굵다란 논둑에는 질경이도 지천으로 많았었는데
누이야, 누이야 이제는 말 없는 누이야
고향 마을 개 짖는 보름밤이면
달 보고 눈물짓던 누이야.

한 해를 보내면서

한 해를 보내며 찾아오는 나그네들은
이제 까마귀 나무둥치에 앉아 바다를 등지고 마을을 내려다본다.

돌아가기에는 너무 먼 길을 우리는 늘 걸었던 것은 아닐까.

마음을 열고 마주한 이의 눈동자를 본다.
개펄처럼 어둠 속에서 빛나는 고인 눈물들

너무 긴 시간을 우리는 서로 헤어져 있었던 것은 아닐까.

한 해를 보내며 찾아오는 나그네들은
이제 까마귀 나무둥치에 앉아 바다를 등지고 마을을 내려다본다.

큰 고모

1

세월은 고성의 돌처럼 곁에 쌓이고
먼저 떠나간 사람은 꿈에서도 보이지 않는다.
억만 근을 누르는 말이 가슴에 남아 긴 밤을 지새우고 나면
인생 칠십 옛말이 고래희라더라.
소대성이마냥 잠이 많으셔서 시집와 구박도 많이 받으시더니
그 많던 재물 다 떠나보내시고 오늘은 홀로 누워 계신다.
두부 누르고 콩나물 기르느라 어두침침하던 옛날 집으로 돌아오셔서
무상한 임종 기다리시며 홀로 누워계신다.

2

늙은 기러기 한 마리 들판에서 날아올라
하염없이 하늘을 한 바퀴 휘 돌고 북쪽으로 날아간다.

먼저 간 울음소리 따라간다.
무거운 몸은 놔두고 깃털만 걸치고 가시는 우리 고모님.
잠만큼 많았던 늦은 날들의 서러움이여.

겨울 일기

고드름 처마 끝 녹은 물 떨어지는 겨울 아침
고즈넉이 바람도 잠을 자고
사위 고요한 낮 건너 왕골 밭 둔덕에 선 버드나무에는
아직 봄이 오지 않아 더욱 눈길이 호젓한 날
나이도 홀로 드는 법처럼 문가에 나가
잔설 희끗한 건넛산 응달 청솔 숲 아래 바라보며
아무도 지나가지 않는 대문간에 하품 쫓다 나온 검둥개 한 마리
봄, 봄, 겨우 내내 찾아다니다가 햇살 아래 서서 하이얀 입김도 없이
두어 평 황토 마당으로 환하게 담은 날, 고여 있는 온기 흠흠 번지는.

우리 집 검둥이

꼬리를 흔들며 어린 우리들을 잘 따르던
사냥개 피가 섞인 우리 집 검둥이
어느 날 아침, 뒷담장 가에 있던 토끼장에서 다섯 마리
소 없는 외양간에서 기르던 토끼 중에서 세 마리
나란히 여덟 마리를 잡아 마루 끝에 늘어놓고
자랑스럽게 기쁜 눈빛으로 우리에게
꼬리를 흔들던 우리 집 검둥이
양토 마을 지정 덕에 무상으로 분양받은 토끼를
그 다음 날도 몇 마리 더 잡고
주인아저씨에게 작대기로 흠씬 두들겨 맞고도
또 몇 마리를 더 잡아
결국 복날 동네 사람들 개장국 속으로 사라진
우리 집 검둥이 그 순한 눈 반갑게 흔들던 꼬리.

상여

며칠을 짚자리에 서서 대나무 지팡이 따라 곡성을 하고
흰 옷깃에 때가 절도록 설움이 맺힌 후에
제각기 토방 벽에 무늬 진 사연도 시들할 때쯤
커다란 쟁반 마차 바퀴에 눌러 찌그러지듯
마당을 떠나 어호야 간다.
사람들 모여 구경하고, 생전 처음 아니 생 끝나는 날 처음 타는
꽃가마 타고 붉은 푸른 빛 색색 아롱진 수실 늘이고
만장 앞세우고 동구 밖을 밟아가면
몇 달을 기침 소리 끝에 자상하던 얼굴도 잊혀지고
그저 산허리를 돌아 아주 동리를 떠나 어호야 간다.
봄풀도 돋기 전에 겨울도 아주 가기 전에
땅 풀리고 온화한 햇살도 나뭇가지에 아지랑이인 듯 내끼이고
텅 빈 마당 사랑 앞 문턱도 고요하기만 한데
아직 풀지 않은 짚 동아줄 머리띠 속에는
내를 건너 산을 돌아 꽃상여가 간다.

자성自省

어둠 속에서
내 홀로 돌아앉아
마주하노라.
그의 얼굴과 그의 마음까지
어찌하지 못하여.
진실로
진실이 우리 삶의 빛이었음을
아주 희미하게 바라보노라.
관습과 명예의 노예야말로
찬란한 태양 아래 각인된 청동의 가면
세월은 창끝으로 서서히 슬픔을 심어주리.
나에게도
그에게도 운명이
한 떨기 붉은 꽃이었음에랴.

자경구自警句

마음이 편안하면
사람들은 다시 옛 습관에 젖는다.
불타던 열의도 끊임없이 일던 분노도
한낱 바람결에 흔들리던 물결 같아라.
그리하여 보라, 세월은 다시 덫을 만들어
일깨우려 한다.
하지만 무거운 몸
이제 움직일 수조차 없구나.

젊은 날 높은 이상에 젖어 살았던 시절
그립구나. 나이 삼십의 문턱에 초로의 늙은이마냥
단 것만을 탐내어 병든 몸이.

녹슨 칼날 하나

깊숙이 묻어 두세요.
외투 속에 묻어 두세요.
제가 들판을 가로질러와
바람으로 옷자락을 흔들 때
언 손으로 꺼내주세요
녹슨 칼날 하나.

무엇에 쓸까
녹슨 칼날 하나
그대에게 맡겨 둔 녹슨 칼날 하나
겨울 지나 봄이 와도
손 시린 그대
그대도 나도 꺼내 쓰지 못하는
녹슨 칼날 하나.

한 줄기 강물 되어

아이들은
어른들의 슬픔을 밀어내며
조금씩 자란다.
겨울 지난 봄 들판에
굳은 흙을 밀어내고
질경이 싹이 돋아나듯이.

봄비 내리는 들판에서
비를 맞고 서 있는 사람들
평화롭게 서 있는 법으로
세상을 살아간다.
한 줄기 강물 되어 살아간다.
나도 여기 한바다에 이르는
강물 되어 살고 싶다.

검은 고양이

가벼운 영혼을 지닌 짐승답게
너는 아름답구나.

무심한 눈으로
지친 계절을 포착하고도
너는 울지 않는구나.

거리에서도
내가 고개 숙이고 돌아가는
골목길에서도

너는 아무 걱정 없이
앉아 있구나.

세모에 내리는 눈발

죽어 거미로 태어나 거미줄을 치고 깊은 잠에 빠진 어떤 사내가 한 번쯤 춤추는 날개를 감고 또 감고 그러다가 스스로 제 몸을 감아버리는 세모의 하늘에서
함박눈 내리는 것을 본다.

옷깃을 여미고 쓸쓸히 집으로 돌아가는 골목길 어귀에서
너를 만나고, 나는 너의 고통만큼
알지 못하는 세월을 살아온 네게 해줄 것이 없음을 깨닫는다.

내 배는

내 배는
삿대도 없이 돛대도 없이 닻줄도 끊겨
한없이 떠돌거라.

큰 바다에 이르러 큰 파도에 부딪혀
흔적도 없이 부서져라.

하여 다시는 돌아오지 마라.
머나먼 항구의 꿈도
푸르른 별빛 아래 인연의 안타까움도
꿈꾸지 마라.

방황과 욕망의 슬픈
살아내기 힘겨운 어두운 떠돎이여

내 배는 그 못 다한 이야기 싣고 떠나가
망망대해 큰 파도에 부서져
다시는 돌아오지 마라.

불행

울음이 터지려는 것을
참고 유리문을 밀친다.
유월의 매미들이
그악스럽게 울어댄다.
먼 곳의 장엄한
산들은 안개에 가려
보이지 않고
능선을 가던
순례 행렬만 폭염 속에 떠오른다.
말할 수 없는 것과
절망할 수 없는 것과
살아가는 것이
모두 하나라는 것은 불행이다.

삶

돌아서 후회하지 않는다.
아니다.
생각하지 않는다.
어쩌다 돌아섰을 뿐이라고
아찔한 현기증을 느끼는 일도 없고
밀물처럼 밀려오는 환멸도 없고
단지 좌표의 방위가 바뀌는
사소한 사건이 일어났을 뿐
그냥 한순간의 착오가
있었을 뿐이라고
생각한다.

그리고 아픈 씨앗의 껍질을 물어
싹을 틔우고,
아주 먼 곳에서
바다가 홀로 뒤척이겠지만
한밤을 말없이
무수한 별이 빛나듯이

다시 새들이 날아와 깃들기를 기다린다.
가시나무 숲을 열고 상처를 열고
닻을 내리고 살아간다.

늦가을에

길이 없음을 한탄하지 않는다.
스스로 길을 낸다.
살아 있음으로
열심히 살아 있음으로
미워하지 않고
화내지 않고
아이들에게, 아내에게, 그리고
모자라는 이들 때문에
내 인생이 이렇게 됐다는
교만함을 버리고 산다.
산다는 것은
스스로 몸을 흔들어 길을 찾고
잠시 쉬었다가
이승의 광야를 건너가는
일이다.

아내에게

밥상 앞에서 눈물짓는 아내여
안 되면 깨진 사금파리로라도
세상을 긋고 살아가자.
그냥 그렇게 긋고 살아가자.
싸울 줄 몰라 싸움 흉내나 내는 남편에게
세상 기웃거리며 살아가는 남편에게
눈물짓는 아내여
고함 터뜨리는 상상이나 하며
남의 집 꽃나무 꽃 핀 것 구경이나 하는 남편이
지금보다 무엇을 더 해줄 수 있겠니.

지나간 날들의 노래

저 푸르른 나무들처럼
이별을 슬퍼하지 말아요.
저 피어난 노오란 들꽃들처럼
이별을 슬퍼하지 말아요.
만남이란 하늘에 떠 있는 낮달처럼
엷고 아득한 것
떠남이란 겨울 바람소리처럼
한때는 쓸쓸한 것
이별을 서러워하지 말아요.
흐르는 시냇물이 노래하듯이
이별을 서러워하지 말아요.

철거민 서울

개들의 왕국에서
똥개들이 반란을 일으켰다는 풍문은
그해 다갈 무렵까지 계속되었다.
당국이 곳곳에서 은밀히 검색을 강화하였지만
이듬해 석간신문 위를
조용히 첫눈으로 덮을 때까지
개들의 불안은 꼬리를 물고 부풀어갔다.

애석하게도, 세퍼트 불독 도사견 협의회에서는
반란의 주모자를 체포하여 재판을 열었다.
재판부는 "너희 똥개들은 이 도시에서 사는 것이
불법임을 모르는가? 저 황폐한 땅에 널려진
똥을 주식으로 삼아야……."

이후 왕국의 수도에서는
귀족의 혈통만이 목에 쇠사슬을 걸고
늠름하게 살아간다는 허황한 풍문을
다시는 들을 수 없었다.

진시황제의 유골

— 도서 검열에 즈음하여

이즈음 고고학회는 게으름으로 명예를
달리하고 있는 중이라네. 자네도 이미 암암리에
소문을 접했겠지만, 정말 낯 뜨거운 일이 아닌가.
우리가 굳이 사가(史家)들의 증언에 의지하지 않더라도
분서갱유란 영장류의 분화 이래
가장 수치스런 일 중에 하나였지.
그런데 공화국의 수반이 변복을 하고
뒷골목으로 졸개들이나 풀어놓는 짓거리를 행하다니,
고고학회에서는 관변 사학자들에게
고분 발굴의 결과를 통보하지 않았던가?
다시 한 번 생각해 보건데
황제의 유골을 주제로 텔레비전에서
한 번쯤 시간을 할애, 했으면 싶네.
박물관장의 이야기로는 보존 상태가 무척 좋아서
충분히 귀감이 될 만하다 하니, 종로통에
가두 전시관을 마련하여
시민들 사이에서 틈틈이 묻혀 보게 해주는 것도 아량이
라면

아량이 되겠지만, 어떤가
그보다 이번 일을 계기로 해서
살아 있는 시황제의 유골을 위해
비교고고학회의 새 모임을
잠실 운동장 규모로 열어 보는 것이.

열린 음악회에 부쳐

나는 의심이 많다.

오랜 세월 내 안에서 제멋대로 쌓이고 쌓인 결과겠지만
만인이 모여 노래하는 음악회까지 의심할 정도로
내 의심의 뿌리는 역사가 깊다.

나는 짐승처럼 우루루 모여
한 사람이 이끄는 대로 가는 집단을 혐오한다.
열광하는 집단을 혐오한다.
아니 연민한다.

군림하는 음악회가 우리들이 누리는 즐거움의 방식까지
결정하는
현실을 비판한다.
이런 나를 두고
병들었다고 한다면
그건 분명 맞는 판단이리라.

나는 병들었다.

내 병은 신경증적이다.

이 사회에서 오래 살다보면 누구나 걸릴 수 있는 병이다.

집단의 이름으로 무수하게 가해진

폭력과 허위와 기만 속에 살다보면

누구에게나 생기는

흔한 병일뿐이다.

우스꽝스러운 시장의 연설

축제 때 모여 한 연설하고 땀을 닦는다.
많은 사람들 앞에 서니
집무실에서 참모들 사이에 있는 것보다는
그래도 위세가 난다.

종합운동장도 크게 만들고
시민회관 앞에 휘황한 불빛 거리도 만들고
기념 사진첩에 넣을 화보도 만들고
점잖게 연설을 한다.

에- 그러니까, 그러니까, 그러니까는
그러니까를 연발하며
머리에 헛된 명예밖에 든 것이 없는
시장은 땀을 닦는다,
화장이 지워질까 걱정하면서.

뚱뚱한 배로 숨을 몰아쉬며
복지 예산을 제대로 쓰고 있다고

자부합니다, 시민 여러분.
밤은 깊어가는데
시장의 연설은 그칠 줄 모른다.
하늘에선 별들 대신 폭죽이 터지고
물색 모르는 아이들은 하나, 둘, 셋
불꽃을 세며 좋아한다.

누가 지금 굶건 주먹을 휘두르건 시장은 아무런 관심도 없다.
산책을 나오듯 가볍게 스쳐가는 시민들의 알량한 양심 사이로
우스꽝스러운 시장의 연설은 지렁이처럼 흘러간다.
이제 옛날과 달라진 것은 세상을
효율적인 공리주의자들이 지배한다는 것이다.

어느 잠 못 이루는 밤에

끓지 말자.
냄비처럼 속 끓지 말자.
차라리 끓을 것이면
뚝배기처럼 끓어 넘쳐버리자.

아무리 이야기해도
귀 기울이지 않고
아무리 가르쳐주어도
마음 열지 않는 사람이라면

쇠귀에 경 읽기와 무엇이 다르랴.

마음 쓰지 말자.
돌아앉은 사람처럼 마음 쓰지 말자.
차라리 노여움 때문이라면
그 자존심 갈기갈기 찢어버리고 말자.

투표하러 가는 날 아침에

마음에 드는 사과가 없어
과도를 들고 망설인다.
빨간 사과 파란 사과 병든 사과
아무리 보아도 쟁반 위에는
먹음직스러운 사과가 없다.

투표는 하러 가야겠는데
하나 골라 깎아 먹고 나서야겠는데
선뜻 고르지 못하는 나를 보며 아내는
표정이, 오래 허기진 푸줏간 주인 같다며
슬며시 웃고 말아버린다.

억설이 난무하는 시대를 살아온 나는
차선이니 최선이니 하는 말들이
소소리바람처럼 헤집고 다니는 아침을
너그럽게 용서 못 하는 편이지만
오늘도 하릴없이 선거 홍보지를 뒤적이며
사과나 깎아 먹는다.

믿음 없이 한 사람을 선택한다는 것이
해가 갈수록 참으로 어렵기만 하지만
사과만큼은 그중 제일 나은 놈으로 골라
속 시원하게 칼로 한번 속을 쪼개보고 싶다.

시민적 삶의 본질

우리들 시민적 삶은 신용카드 빚 800만 원 때문에 48시간 안에 다섯 명의 여자를 연쇄살인한 사건 속에 잠들어 있다. 이것이 시민적 삶의 본질이다. 시민적 삶이란 허황한 불빛 아래 무수하게 함몰된 기억 위에 세워진다. 망각의 많은 장치들이 없다면, 우리는 살아갈 수 없다. 미디어의 현란한 눈속임 속에 하루를 시작하고, 소비를 권장하는 속삭임 속에 하루를 망각한다. 음험한 칼날과 행렬에서 뒤처진 자들의 증오가 불쑥 안전선을 꿰뚫을 때만이 잠시 경악한다. 하지만 결코 흔들리지 않는 것이 시민적 삶의 본질이다. 견고하고, 탄력 있고, 오염된 공기를 마시면서도, 중금속으로 오염된 물을 마시면서도 반란이나 폭동이 일어나지 않는 거리를 세우고, 자동차로 달려가고, 노동하고, 그 대가로 병원비를 지불한다. 시민적 삶은 건강하다. 악령의 숲처럼 서로 목을 졸라 죽이는 일도 없고, 연습 삼아 사람을 죽이지도 않는다. 시민들이 아침 운동을 하는 공원 곁 휴지통이나 하수구에서 토막 난 사체가 발견되는 일도 없다. 악몽은 지루한 삶을 달래기 위한 영화적 소재로만 쓰일 뿐이다.

발견

인간은 쥐처럼 잡식성이다.
우리는 우리가 싫어하는 것을 닮았다.
떼로 몰려다니면서 들판을 황폐하게 하고
몹쓸 전염병을 옮긴다.
무한하게 증식하면서
개체수를 늘려가면서도
위험이 닥치면 제일 먼저 빠져나가려 한다.
인간은 결코 쥐처럼 파괴된 장소를 회복시키려 하지 않는다.
다만 새로운 것을 찾을 뿐이다.
먹이만 풍부하다면,
그것이 어떤 것이든 가리지 않는다.
작은 두 눈에 긴 꼬리를 가진 쥐를 사람들은 싫어하지만
쥐는 인간을 닮은 유전적 정보를 지니고 있다.
어둠 속에서 찍찍거리며 의사소통을 하고
우둔한 우두머리를 따라 밤길을 달려가고
영역 다툼을 벌일 때는 물고 뜯고
피를 흘리며 쥐는 싸운다.

쥐가 벽을 갉아내고 음식물 찌꺼기를 먹을 때
인간은 벽을 세우고 정갈한 식탁을 차린다고 하지만
인간은 쥐를 닮았다.
불행하게도 혐오스런 이 두 이웃은
한곳에 살면서도 서로를 싫어한다.

복권

인생 역전을 아무나 하는 게 아니지.
비 내리는 날 로또복권 가게 앞에 서서
아무리 무표정한 척 해도 어쩔 수 없지.
초록의 산등이성이도
흰 구름이 떠가는 저 하늘도
돈만 있으면 아무 문제 없는 세상에서
아무나 그렇게 역전할 수 있는 게 아니지.
아무나 타워팰리스에 살 수 없듯이
누구나 돈 주고 표를 사 당첨이 되면
그게 어디 복권인가?
그늘에 앉아 생각해보면
기가 막힐 노릇이지만
자꾸만 긁어대고 숫자를 조합해봐도
애초에 행운과는 거리가 먼 인생
씁쓸한 미소나 짓고 술한잔하면
더 즐거울 것을, 괜시리 설레는 맘
꼬나보면 술기운만 오르지.
굼벵이도 구르는 재주가 있다는데

주식도 부동산도 제대로 할 줄 몰라
죽어라 몸만 부려먹는 것이
복권은 왜 자꾸 사나 몰라.

우울한 복제 DNA

시민들은 모두 누가 그런 파렴치한 짓을 했냐고
분개했지만 나는 아무 말도 하지 못했다.
그것이 나였는지 그가 나였는지
내가 그녀가 버려진 흙무더기 옆에 서 있었는지
나는 알지 못했다. 이듬해 봄비가 내리고 피어나는
진달래꽃 연분홍이 그녀의 피였는지
내가 알지 못했던 것처럼 내 안에서 자란 그가
언제 내게서 하혈 되어
거리로 흘러갔는지 알지 못했다.

도시에 때때로 출몰하던 연쇄살인범이
유전적 근친으로 등록될 때
살의를 느끼던 나는 요리하던 칼을 던지고 뉴스를 경청한다.
악의로 버려진 토막 하나가 검은 비닐봉지에 싸여
산책하던 벚나무 아래 휴지통에서
썩어갈 때까진 누구도 경악하지 않겠지만
내 손안에 들려 있던 칼이 명령하던 것을 두려워한다.

내 안의 내가 거리로 흘러간 후
무지개의 홍수처럼 저녁 마감뉴스를 장식하던
분신들이 음모하는 세상을 꿈꾸었음을 고백한다.
하수구의 악취에서 향수를 느끼는
시민들처럼 거리를 바라본 적이 있었음을.

왜 때로

왜 때로 격렬한 증오가 이는가
왜 때로 말이 많은가
왜 때로 바보처럼 웃고
왜 때로 목소리를 낮추고
왜 때로 홀로 돌아앉아
한숨이나 쉬어야 하는가
왜 우리는 싸워서는 안 되고
평화롭게 살아야만 한다고
이 사람답지 않은 세상에서도
그래야만 한다고
왜 때로 마음에도 없는 말을 하며
한숨이나 쉬어야 하는가.

영화처럼 해피 뉴 이어

삼각뿔 하늘엔 달이 하나 떴지.
이제는 아이를 부르지 않을 어른은 창을 열고
바라본다네. 이국의 날들이여 하고.
아주 조그만 모습으로 눈썹도 안 보이는
움직이지도 않는
어느새 스스로 아이가 되어버린.
가시나무새는 박제된 새라네.
오래전에 앉은 채로
꽁지를 세우고
무심한 평정의 눈을 하고
세상을 바라본다네.

겨울이라네, 캘린더에 하얀 눈 내리는.
그저 쓸쓸하게 새해 달력을 끼고
옛 성문 둘레를 돌아서
수상한 다방 입구에서 장발한 옛 친구를 만난다네.
이보게 친구, 재미있었나?
말코사슴처럼 하얀 이를 내밀며

뚜벅뚜벅 걸어 올라가서
산정에서 평원을 바라보며
삶을 거시적 조망해버리더군.
이제 난쟁이 아저씨는 아주 깨알만 해져서
자기 모습을 돌돌 말아 귓속에 넣고
거리를 걸어간다네.
여, 영화처럼 해피 뉴 이어 안녕 친구들.
안녕, 길 잃은 친구들 축복한다네.
식사들, 축복한다네.

後記

어려운 사정 속에서도 시집을 발간해준 새물결 홍미옥 사장, 조형준 주간에게 고맙다는 말을 하고 싶다. 누구보다 출판사 사정을 잘 아는 나이기에 이 자그마한 정성이 얼마나 커다란 마음 속에서 이루어졌는지 새삼 말할 필요가 없으리라. 아울러 새물결 식구들 모두에게도 고마움을 전하고 싶다. 그리고 나의 아내와 아이들, 가족들과 친구들, 돌보아주신 분들 모두에게 이 시집을 드리고 싶다. 변변하지는 않지만 나름대로 그간 살아온 이야기는 되리라 생각한다.

1부에 실린 시는 최근에 쓴 것 중심이고, 2부에 실린 시에는 아주 오래전에 써놓은 시도 뒤섞여 있다. 처음에는 일기 쓰듯 써놓은 시들을 지난 삶을 돌아보기 위해 모두 연대순으로 묶으려 하였지만, 출판사의 권고대로 계획을 수정했다. 그러다 보니 개인적인 의미를 갖고 엮으려던 시집의 성격이 바뀌게 되었다. 나름대로 읽을 만한 것을 추려 묶으려고 하였지만, 부끄러움을 면하지는 못하리라 생각한다.

2009년 6월